15

Schöpfer der Globi-Figur: Robert Lips

Globi und das Klima
© 2022 Orell Füssli AG, Zürich
Globi Verlag, Imprint Orell Füssli Verlag
www.globi.ch
ISBN 978-3-85703-495-4

Layout: Giorgio Chiappa
Lektorat: Gisela Klinkenberg, Silvia Bartholl
Korrektorat: Silvia Bartholl

Alle Rechte vorbehalten
Dieses Werk ist urheberrechtlich geschützt. Nachdrucke, auch nur einzelner Teile, sind nur mit Genehmigung der Orell Füssli Verlag AG, Globi Verlag gestattet.

Umweltverträglich gedruckt. Gefertigt aus nachhaltiger Forstwirtschaft.
Druck und Bindung: Grafisches Centrum Cuno GmbH & Co. KG

Globi und das Klima

Was ist los auf unserem Planeten?

Herausgeber: Globi Verlag
Autor: Atlant Bieri
Illustrator: Daniel Müller

Liebe Kinder, Freunde, liebe Fans klein und gross

In diesem Band gehe ich dem Thema Klimawandel auf den Grund. Denn ob wir es wahrhaben wollen oder nicht: Wir müssen uns um den Planeten Erde ernsthaft Sorgen machen.

Und damit natürlich um die Natur, die Tiere und Pflanzen und um uns selbst. Ihr hört sicher jeden Tag davon.

Ich habe mich für dieses Buch auch bei Kindern umgehört, mir ihre Fragen notiert und diese einigen Forscherinnen und Wissenschaftlern gestellt. Hier nun findet ihr Antworten, Erklärungen und eine Menge Informationen, begleitet von eindrücklichen Illustrationen. Das Thema ist komplex. Es hängt alles mit allem zusammen, und wir sind mittendrin.

Deshalb mache ich auch Vorschläge, was wir und jede einzelne Person tun können, damit es nicht noch schlimmer wird.

Aber es gibt mit Sicherheit noch sehr viel mehr Ideen dazu, wie wir unserem Planeten helfen können.

Eure Gedanken interessieren mich. Schreibt mir doch ein E-Mail an globi@globi.ch, Stichwort «Klima».
Die besten Ideen veröffentliche ich auf www.globi.ch.

Ich freue mich, von euch zu hören!

Euer
Globi

Inhalt

- 6 Klima, Wetter, Temperatur
- 8 Wie das Klima auf der Erde funktioniert
- 10 Die Geschichte des Klimas – Vom Treibhaus zum Tiefkühler
- 14 Jetzt kommt der Mensch
- 16 Was es für eine Verbrennung braucht
- 18 Kohlenstoff läuft im Kreis
- 20 Der Kreislauf gerät aus dem Gleichgewicht
- 22 Jetzt wird es heiss
- 24 Das Wetter spielt verrückt
- 26 Starkniederschläge
- 28 Hurrikane
- 30 Temperaturextreme
- 32 Dürren
- 36 Anstieg des Meeresspiegels
- 38 Abschmelzen der Gletscher und Schneemangel
- 40 Meeresströmungen
- 42 Versauerung der Meere
- 44 Schwund der Artenvielfalt
- 48 Wassermangel
- 50 Ein Recht auf Wasser und Wasserrechte
- 52 Wirtschaftliche Folgen
- 54 Tödliche Mischung
- 58 Politik und Klimawandel
- 60 Energiewende und was sie bedeutet
- 62 Technische Lösungen
- 64 Lösungen aus der Wirtschaft
- 66 Moderner Städtebau
- 68 Also los, packen wir's an! Was können wir alle tun?
- 76 Glossar
- 78 Danksagung

Klima, Wetter, Temperatur

Was bedeutet Klima?

Als Klima bezeichnet man das «durchschnittliche Wetter». Dazu gehören die Temperatur, Luftfeuchtigkeit, Windstärke und die Niederschläge, die an einem Ort in der Regel vorkommen.

So ist es in der Schweiz mit einer durchschnittlichen Temperatur von 6 Grad Celsius eher kühl. In der Wüste Sahara dagegen ist es sehr warm mit einer Durchschnittstemperatur von 20 Grad Celsius. In der Schweiz fällt mit rund 1 Meter Niederschlag pro Jahr viel mehr Regen oder Schnee als in der Sahara, wo in derselben Zeit nur rund 10 Zentimeter zusammenkommen. Das Klima an diesen beiden Orten ist also sehr unterschiedlich.

Das Klima sagt auch etwas über die Jahreszeiten und täglichen Temperaturschwankungen aus. In der Schweiz kann es im Sommer über 30 Grad Celsius heiss werden. In der Sahara eher über 40 Grad Celsius.

Das Klima, also diese Wettersituationen, kann man über verschieden grosse Regionen betrachten. So gibt es ein globales Klima, welches die gesamte Erde umfasst. Es gibt das Klima einer Region wie der Sahara oder eines Landes wie der Schweiz. Es kann aber auch das Klima eines Tals, einer Seite von einem Berg, einer Stadt, ja selbst eines Gartens oder eines Blumentopfs geben.

Wie das Klima auf der Erde funktioniert

Was beeinflusst das Klima?

Einer der wichtigsten Faktoren ist der sogenannte Treibhauseffekt. Die Erdoberfläche wird vom Sonnenlicht aufgeheizt. Diese Wärme möchte von der Erdoberfläche wieder zurück in den Weltraum gelangen. Doch Treibhausgase wie Wasserdampf, Kohlendioxid und Methan versperren ihr den Weg. Das heisst, die Wärme ist in der Atmosphäre gefangen.

Der Treibhauseffekt ist für uns überlebenswichtig. Dank ihm ist es auf der Erde durchschnittlich 15 Grad Celsius warm. Ohne Treibhauseffekt wären es stattdessen kalte minus 18 Grad Celsius.

Je mehr Treibhausgase in der Atmosphäre vorhanden sind, umso wärmer wird es auf der Erde. Aber es gibt noch weitere wichtige Faktoren.

Das beeinflusst unser Klima

Meeresströmungen

Ein grosser Teil der Wärme wird von den Weltmeeren aufgenommen. Von dort wird sie mit den Strömungen verteilt. Wenn sich die Strömungen ändern, kann eine Region mehr oder weniger Wärme erhalten.

Ascheteilchen

Bei Vulkanausbrüchen können unglaublich viele Ascheteilchen in die Atmosphäre geschleudert werden. Diese halten das Sonnenlicht davon ab, auf die Erde zu gelangen und diese aufzuwärmen. Dadurch kann sich das Erdklima um 1 oder 2 Grad Celsius abkühlen. Solch grosse Ausbrüche kommen alle paar Hundert Jahre vor. Der letzte sehr grosse Vulkanausbruch war der des Krakatau 1883 in Indonesien. In den folgenden vier Jahren kühlte sich das globale Klima um 0,5 Grad Celsius ab, was zu besonders kalten Wintern führte.

Eisbedeckung

Grosse Teile des Nord- und Südpols sind mit Eis bedeckt. Auch Grönland liegt unter einem dicken Eisschild. Da Eis und Schnee weiss sind, speichern sie das Sonnenlicht nicht, sondern reflektieren es wie ein Spiegel zurück in den Weltraum. Das heisst, das Licht kann die Erde dort kaum aufwärmen. Eis und Schnee wirken dadurch kühlend auf das Weltklima. Wenn Eis und Schnee jedoch schmelzen, kommt der dunklere Boden darunter zum Vorschein. Dieser wird vom Sonnenlicht aufgewärmt, was zur Klimaerwärmung beiträgt.

Die Geschichte des Klimas – Vom Treibhaus zum Tiefkühler

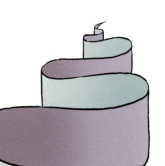

VOR ETWA 4000 BIS 2500 MILLIONEN JAHREN

VOR ETWA 2500 BIS 541 MILLIONEN JAHREN

Archaikum

In dieser Zeit enthielt die Atmosphäre fast keinen Sauerstoff. Neben Stickstoff gab es vermutlich mehr von den Treibhausgasen Wasserdampf, Kohlendioxid und Methan. Weil jedoch die Sonne in ihren jungen Jahren noch weniger Energie produzierte (ungefähr 75 Prozent der heutigen Menge), lagen die Temperaturen in einem ähnlichen Bereich wie heute. Gegen Ende dieses Zeitalters begannen Bakterien und Algen mit der Produktion von Sauerstoff. Dazu nahmen sie Kohlendioxid auf und wandelten dieses in Sauerstoff und Kohlenstoff um.

Proterozoikum

Dank der Arbeit der Bakterien umgab die Erde jetzt eine sauerstoffhaltige Atmosphäre. Deshalb konnten sich die ersten Tiere und Pflanzen im Meer entwickeln. Weil die Atmosphäre nun weniger Kohlendioxid enthielt, kühlte die Erde stark ab. Dadurch konnten sich Gletscher bilden und immer weiter ausbreiten. Es gab Phasen, in denen die Erde fast komplett zugefroren war. Man nennt diese Phasen auch «Schneeball Erde».

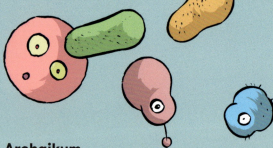

War das Klima auf der Erde immer schon so wie heute?

Nein. Seitdem es Leben auf der Erde gibt, veränderte sich das Klima weltweit immer wieder. Manchmal waren die Ursachen dafür gigantische Vulkanausbrüche, manchmal Einschläge von riesigen Meteoriten und manchmal sogar Bakterien.

VOR ETWA 541 BIS 252 MILLIONEN JAHREN

VOR ETWA 252 BIS 66 MILLIONEN JAHREN

Paläozoikum

Das Klima wurde wärmer, und in der Folge kam es in diesem Zeitalter zu einer Explosion des Lebens. Nie zuvor gab es so viele verschiedene Arten. Tiere und Pflanzen eroberten nun auch das Land. Die neu entstandenen Landpflanzen bauten das Kohlendioxid aus der Atmosphäre weiter ab. Dadurch wurde es wieder kälter, und kurzzeitige Vereisungen an den Polen führten zu starken Schwankungen der Meeresspiegel. In der Folge kam es zu zwei grossen Artensterben.

Mesozoikum

Dieses Zeitalter begann mit einer riesigen Katastrophe. Grosse Vulkanausbrüche in Sibirien brachten gigantische Mengen an Lava, Schwefel- und Kohlendioxid an die Erdoberfläche. Ein Teil der vulkanischen Gase löste sich in den Weltmeeren auf und machte diese sauer*. Dadurch starben 80 Prozent aller Meerestiere aus. Diese Krise erstreckte sich über mehrere 10 000 Jahre.

VOR 252 BIS 66 MILLIONEN JAHREN

Danach dauerte es weitere 10 Millionen Jahre, bis sich das Leben langsam erholte und sich wieder neue Arten entwickeln konnten, die mit dem veränderten Klima zurechtkamen. Dazu gehörten zum Beispiel die Dinosaurier, die für die nächsten 200 Millionen Jahre auf dem Land lebten. Verglichen mit heute gab es fünf Mal so viel Kohlendioxid in der Atmosphäre, und das Klima war entsprechend viel heisser.

Das Mesozoikum endete mit einer weiteren Katastrophe. Ein Meteorit von 10 Kilometern Durchmesser schlug in der Gegend des heutigen Mittelamerika ein. Dadurch starben viele Tier- und Pflanzenarten aus, unter ihne die allermeisten Dinosaurierarten. Von ihnen überlebten nur die Vogelsaurier. Diese entwickelten sich zu unseren heutigen Vögeln.

VOR 66 MILLIONEN JAHREN BIS JETZT

Känozoikum

Der Meteoriteneinschlag wirbelte Staub und Asche auf, wodurch sich das Klima kurzfristig stark abkühlte. Zu Beginn des Känozoikums wurde es dann wieder tropisch warm und feucht. Es entstanden Tausende neue Arten* – auch die Vorfahren von uns Menschen. Danach kühlte sich das Klima wieder ab, unter anderem weil sich nun grosse Wälder ausbreiteten. Diese entzogen der Atmosphäre sehr viel Kohlendioxid, das sie für ihr Wachstum benötigten. Zudem lebten in den Meeren Algen, die ebenfalls Kohlendioxid aus der Atmosphäre absaugten.

In dieser Zeit bildeten sich auch die Alpen und die Landschaft der heutigen Schweiz. Das Klima kühlte sich schliesslich so stark ab, dass es hintereinander zu mehreren Eiszeiten kam. In diesen Phasen war die Schweiz fast vollständig von einer dicken Eisschicht bedeckt. Der Meeresspiegel lag damals 100–120 Meter tiefer als heute, weil so viel Wasser als Eis in Gletschern gebunden war.

Jetzt kommt der Mensch
Wie beeinflussen wir das Klima?

Der Mensch hat sich vor ein paar Hunderttausend Jahren entwickelt. Über eine lange Zeit hatte er keinen grossen Einfluss auf das Klima. Doch vor rund 8000 Jahren begann er damit, grosse Waldflächen zu roden, um Siedlungen zu bauen und Landwirtschaft zu betreiben. Dadurch setzte er bereits viel Kohlendioxid frei, was zu einer allmählichen Erwärmung des Klimas führte.

Vor rund 200 Jahren passierte etwas noch Entscheidenderes: Der Mensch begann Steinkohle zu verbrennen.

Steinkohle besteht aus versteinertem Pflanzenmaterial aus der Urzeit. Sie diente als Ersatz für Holz und Holzkohle, die im 19. Jahrhundert knapp wurden. Später war sie auch Heizmittel für die Dampfmaschinen.

In den folgenden Jahrzehnten wurde weltweit immer mehr Steinkohle verbrannt. Im 20. Jahrhundert kam das Verbrennen von Erdöl dazu. Bis heute wird Erdöl vor allem für die Herstellung von Treibstoff für Autos und Flugzeuge und für das Heizen verwendet. In der Folge stieg der Gehalt an Kohlendioxid in der Atmosphäre schnell an, was zu einer Erwärmung des Klimas führte. Dieser Prozess hält bis heute an.

Was es für eine Verbrennung braucht

Und noch einmal: Was hat das Kohlendioxid mit dem Verbrennen von Steinkohle und Erdöl zu tun?

Einer der wichtigsten Prozesse in der Natur und in der menschlichen Zivilisation ist die Verbrennung. In der Natur zeigt sich die Verbrennung beispielsweise in Waldbränden. Im täglichen Leben begegnen wir der Verbrennung jedes Mal, wenn ein Auto mit Verbrennungsmotor vorbeifährt oder ein Flugzeug über den Himmel zieht. Verbrennung findet jedoch auch in unserem Körper sowie in Tieren und Pflanzen statt (siehe in der Box nebenan).

Für eine Verbrennung braucht es drei Dinge:

1. Einen Brennstoff wie Holz, Zucker, Benzin oder Wachs: Diese Brennstoffe bestehen grösstenteils aus Kohlenstoff.

2. Das Gas Sauerstoff: Unsere Luft besteht zu 21 Prozent aus Sauerstoff. Es gibt also genug davon.

3. Anfangswärme: Diese kommt zum Beispiel von einem Streichholz oder einem Feuerzeug. Damit wird die Verbrennung gestartet.

Verbrennung in unserem Körper

Eine Art Verbrennung findet auch in unserem Körper statt. Aber natürlich ohne Feuer. Als Brennstoff verwenden unsere Körperzellen Zucker. Dabei entsteht Energie für die Zelle und als Abfall – genau wie beim Lagerfeuer – Kohlendioxid und etwas Wasser. Das Kohlendioxid atmen wir über unsere Lungen aus.

Folgendes passiert: Kohlenstoff und Sauerstoff werden zu Kohlendioxid und Wasser.

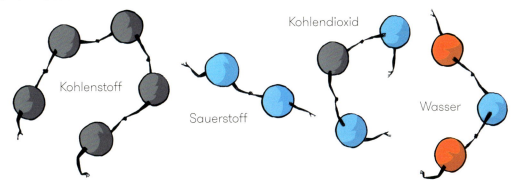

Bei diesem Prozess entsteht ganz viel Wärme. Wir Menschen nutzen sie, um Gemüse und Würste zu braten, zu heizen oder Autos und Flugzeuge anzutreiben. Als Abfallprodukt entsteht aber auch Kohlendioxid. Je mehr wir verbrennen, desto mehr Kohlendioxid entsteht und umso mehr wärmt sich das Klima auf. Kohlendioxid ist unsichtbar und geruchsneutral. Das heisst, du kannst es nicht wahrnehmen, auch wenn es da ist.

Doch! Ein Teil davon wird von Pflanzen und Algen im Meer aufgenommen und von ihnen zurück in Kohlenstoff umgewandelt. Meistens entsteht dabei Zucker. Daraus bilden die Pflanzen ihre Blätter, Stängel, Stämme oder Blüten. Während sie wachsen, scheiden sie Sauerstoff aus. Diesen atmen Menschen und Tiere ein und verbrennen damit den Zucker in unseren Zellen und scheiden Kohlendioxid aus. So entsteht ein Kreislauf zwischen Menschen, Tieren und Pflanzen. Durch diesen Kreislauf wird bereits ein Grossteil des Kohlendioxids in der Atmosphäre wiederverwertet.

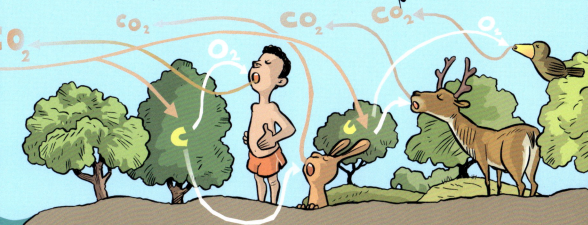

Pflanzen und Algen können der Atmosphäre das Kohlendioxid auch für immer entziehen. Das passiert dann, wenn sie absterben und im Boden oder auf dem Meeresgrund eingelagert werden. In diesem Zustand kann der in ihnen enthaltene Kohlenstoff nicht wieder in die Atmosphäre gelangen. Dieser Prozess der Einlagerung findet vor allem in Sumpfwäldern, Mangrovenwäldern*, Mooren oder eben im Meer statt. Über einen sehr langen Zeitraum von Millionen von Jahren entsteht aus eingelagerten Algen das Erdöl und aus eingelagerten Wäldern die Steinkohle.

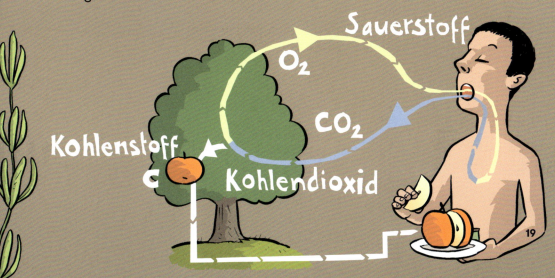

Der Kreislauf gerät aus dem Gleichgewicht

Aber wenn die Natur das Kohlendioxid so elegant aus der Atmosphäre putzen kann, was ist denn das Problem?

Mit der Verbrennung von Steinkohle und Erdöl produziert der Mensch viel mehr Kohlendioxid, als Pflanzen und Algen aufnehmen können. Es entsteht ein Ungleichgewicht, wobei sich das Kohlendioxid in der Atmosphäre ansammelt.

Durch massives Abholzen und Abbrennen von Wäldern und Landstrichen, an deren Stelle Acker- oder Bauland treten, wird das Gleichgewicht noch mehr gestört. Gleichzeitig fehlen nun die Bäume, die das Kohlendioxid wieder aus der Atmosphäre aufnehmen könnten.

Auch im Boden ist sehr viel Kohlenstoff gespeichert, dies vor allem in Mooren. Doch viele Moore wurden in den letzten 150 Jahren trockengelegt und in Äcker umgewandelt. Dadurch verrottet der in ihnen gespeicherte Kohlenstoff und wird als Kohlendioxid in die Atmosphäre entlassen. Ebenso setzen die tauenden Permafrostböden* in den arktischen Regionen grosse Mengen des Treibhausgases Methan frei, das im Eis gebunden ist.

Wir Menschen bringen den Kreislauf also gleich mehrfach total aus dem Gleichgewicht.

Jetzt wird es heiss

Um wie viel Grad Celsius steigt die Temperatur wegen des ganzen überschüssigen Kohlendioxids denn an?

In diesen Gebieten (rot) hat sich die Erde seit 1850 besonders stark erwärmt.

Weltweit ist die Temperatur von 1850 bis 2022 um durchschnittlich 1,2 Grad Celsius angestiegen. Das klingt nach wenig, doch die durchschnittliche Zunahme bezieht sich auf die ganze Erde. Das bedeutet also, dass sich manche Regionen kaum erwärmen, während es an anderen Orten gleich mehrere Grad Celsius wärmer geworden ist.

Vor allem die Region um den Nordpol heizt sich stark auf. Das Eis schmilzt ab, was für Natur und Mensch schlimme Folgen hat (siehe Seite 36). Auch über grossen Landmassen wie Eurasien*, Nord- oder Südamerika wird es viel wärmer. In der Schweiz stieg die Temperatur seit 1850 um 2,1 Grad Celsius.

Es wäre natürlich schön, wenn es in der Schweiz etwas wärmer wäre. Die oft kalten Frühlinge sind ja wirklich nicht so toll. Aber wir werden dafür teuer bezahlen. Denn schon ein kleiner Anstieg der Temperatur hat grosse Auswirkungen auf unser Wetter.

Wenn es wärmer ist, enthält die Luft mehr Energie und kann mehr Feuchtigkeit transportieren. Diese fördert die Bildung von Wolken, die grösser werden und höher aufsteigen als zuvor. Dadurch können verheerende Gewitter und Starkniederschläge entstehen. Die können reihenweise Bäume umreissen, Wälder zerstören, Strassen überschwemmen, Autos und andere Dinge zerstören und sogar Häuser, Brücken, Schienen und mehr beschädigen.

Wenn wir etwas weiter über unseren eigenen Tellerrand hinausschauen, entdecken wir noch mehr Wetterkapriolen. Über tropischen Meeren etwa hat die zusätzliche Wärme grosse Auswirkungen. Hier bauen sich tropische Wirbelstürme auf. Wenn die über Land fegen, verwüsten sie ganze Städte. Die Menschen verlieren dann ihre Häuser, ihre Tiere, ihren ganzen Besitz und manchmal auch ihr Leben. Oft geht so ein Sturm mit heftigen Regenfällen einher, die Überschwemmungen verursachen. Es sind also gleich doppelte Katastrophen.

Die wärmeren Temperaturen können auch die Windströmungen beeinflussen, wodurch sich die globale Verteilung des Regens verändern kann. Dadurch bleibt der Regen an manchen Orten aus, was zu langanhaltenden Dürren führt. Die Folgen sind Waldbrände; die Menschen können auf ihren Feldern nichts mehr anbauen und leiden Hunger; Tiere verdursten.

Starkniederschläge

Wenn es mehr Dürren gibt, dann sind Starkniederschläge doch etwas Gutes, weil sie Wasser bringen?

Leider nicht, wenn viel zu viel Wasser auf einmal vom Himmel fällt, ist das mehr schädlich als nützlich.

Denn diese Wassermassen können vom Boden nicht aufgenommen werden, überlasten die Kanalisation und natürlich auch die Flüsse und Seen.

Die Folge ist, dass Häuser, Strassen und Schienen unterspült und überschwemmt werden, was zu grossen Schäden führt oder den Verkehr zusammenbrechen lässt. Ein heftiges Gewitter mit Hagel kann ganze Ernten zerstören, Gärten verwüsten, Bäume entlauben oder Hausfassaden und Dächer demolieren, Treibhäuser zusammenschlagen oder Autos verbeulen. Dabei besteht oft auch Lebensgefahr. Zudem sind die Folgen solcher Unwetter sehr teuer. Man rechnet damit, dass bis zum Ende des 21. Jahrhunderts in der Schweiz die Starkniederschläge um etwa 10 Prozent im Sommer und um etwa 20 Prozent im Winter zunehmen werden.

Hurrikane sind tropische Wirbelstürme, die sich über warmen Meeren bilden. Ihre Stärke hängt dabei direkt von der Wassertemperatur ab. Je wärmer das Meer, desto wärmer die Luft darüber. Diese steigt nach oben. Die Aufwärtsbewegung ist der Motor jedes tropischen Wirbelsturms. Sie führt schliesslich dazu, dass sich die Luft mit über 100 Kilometern pro Stunde bewegt.

Während sie aufsteigt, nimmt die Luft eine Menge Wasserdampf auf. Je wärmer die Luft, desto mehr Wasserdampf kann sie aufnehmen. Weit oben kondensiert der Dampf und wird zu Regen.

Durch die Klimaerwärmung wird das warme tropische Meer noch wärmer. Die zusätzliche Energie führt dazu, dass Hurrikane immer heftiger werden: Das heisst, der Wind ist noch kräftiger, und zugleich fällt noch mehr Regen.

Solche Stürme können mit bis zu 300 Kilometern pro Stunde wüten. Sie drücken das Wasser ins Land und überschwemmen es grossflächig. Weltweit leben Hunderte Millionen Menschen in Städten wie zum Beispiel Manila (Philippinen) oder Miami (Florida, USA) direkt am Wasser. Gerade in Florida kümmert diese Bedrohung viele Menschen nicht. Sie bauen ihre Häuser und Villen weiter direkt am Wasser – also direkt in die Gefahrenzone. Um Platz für Bauland zu schaffen, werden auch wertvolle Mangrovenwälder an der Küste gerodet. Diese könnten zusammen mit den Korallenriffen viele Wellen während einer Sturmflut abhalten.

Temperaturextreme

Manchmal folgt auf einen warmen Winter ein eiskalter Frühling. Sind diese Wetterextreme auch eine Folge des Klimawandels?

Solche Extreme sind Zeichen, dass sich das Klima verändert. Das bedeutet, dass es im Winter oder im Frühling extrem kalt werden kann. Im Sommer hingegen wird es immer öfter sehr heiss.

Früher kamen Hitzetage von 30 Grad Celsius und mehr in der Schweiz durchschnittlich ein paar Mal pro Sommer vor. Heute sind es bereits deutlich mehr. Ab 2050 könnten es pro Sommer bis zu 20 Hitzetage werden. Dies wird vor allem in grösseren Städten der Fall sein.

Warum? Weil Städte sehr dicht bebaut sind und sich wegen des vielen Betons, den geteerten Flächen und den Glasfassaden schneller aufheizen als Grünflächen. Das heisst, die Städte weltweit werden vermehrt unter Hitzewellen zu leiden haben (mehr dazu auf Seite 66).

Dürren

Und diese extreme Zunahme der Hitze führt dann dazu, dass es immer trockener wird?

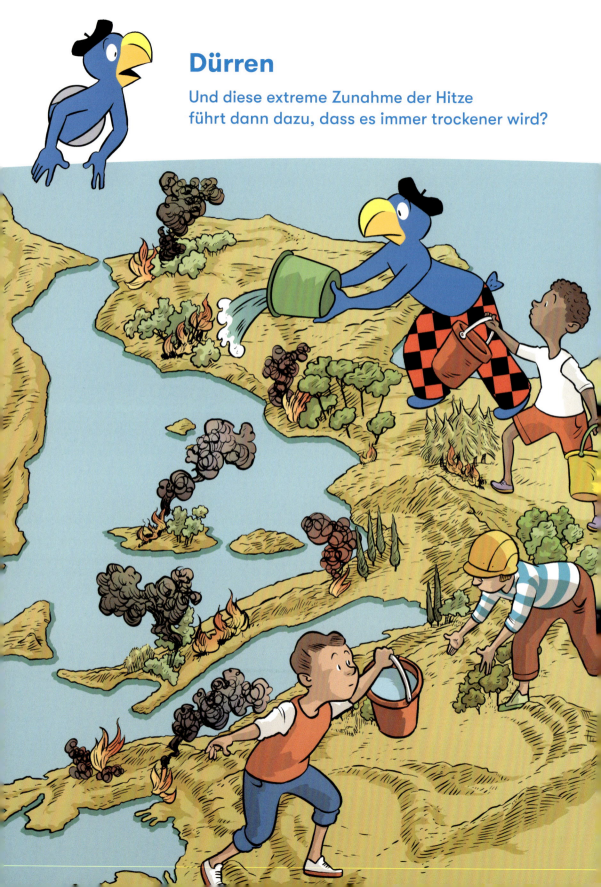

Genau. Und zwar nicht nur ein wenig, sondern viel trockener. Vermehrte und langanhaltende Trockenperioden führen zu Waldbrandgefahr, Versteppungen, Dürren, Ernteausfall, Wassermangel und vielem mehr.

Je wärmer es ist, desto mehr Feuchtigkeit verdunstet aus den Böden. Gleichzeitig schwitzen Pflanzen bei hohen Temperaturen mehr Wasser aus ihren Blättern. Um nicht zu verdursten, entziehen sie dem Boden über ihre Wurzeln Wasser. Wenn es über längere Zeit sehr heiss bleibt und auch kein Regen fällt, wird der Boden knochentrocken.

Die wenigen, aber oft heftigen Niederschläge in den Sommermonaten können von diesen ausgetrockneten Böden nicht aufgenommen werden. So fliesst das Wasser an der Oberfläche in den nächsten Bach ab, anstatt in den Boden zu sickern und ihn mit Wasser anzureichern. Paradoxerweise können die abfliessenden Wassermassen flussabwärts zu Überschwemmungen führen.

Ausgedehnte Trockenperioden kannte man bislang vor allem von afrikanischen Ländern oder von Australien, dem trockensten Kontinent der Erde.

Heute treten Trockenperioden vermehrt auch dort auf, wo es bisher immer mehr als genug Wasser gab. So etwa in Thailand. Hier gibt es eigentlich eine trockene Jahreshälfte (Trockenzeit) und eine nasse und feuchte Jahreshälfte (Regenzeit). Doch durch die Klimaveränderung setzt die Regenzeit immer später ein. Das führt zur Austrocknung des Bodens und oft auch der Flüsse. Aber auch in Europa, zum Beispiel in Spanien, sind wir vor Dürren nicht mehr sicher.

Um die Trockenheit und Dürren zu bekämpfen, wird das Grundwasser tief unter dem Boden immer öfter angezapft. In vielen Weltregionen gibt es riesige Grundwasserspeicher.

Das Wasser sitzt dabei in den Poren des Gesteins. Das kann man sich wie einen riesigen Schwamm vorstellen. Diese Speicher haben sich über Hunderte oder gar Tausende von Jahren gebildet.

Wenn die Grundwasserspeicher angezapft werden, merken wir erst einmal nicht viel, aber wenn die Speicher leer sind, haben wir das Problem der Trockenheit erneut. Doch woher jetzt das Wasser nehmen?

Extreme Trockenheit führt ausserdem zu mehr verheerenden Wald- und Buschbränden. In der Schweiz gab es sie unter anderem im Tessin und im Wallis. In Australien und Kalifornien, aber auch in Griechenland, Portugal, Frankreich oder Italien haben sie bereits ungeheuerliche Ausmasse angenommen, und dauern oft monatelang.

Anstieg des Meeresspiegels

Zwei Kinder vom Inselstaat Kiribati haben mir einmal erzählt, dass ihre Inseln vom steigenden Meeresspiegel bedroht sind. Passiert das jetzt weltweit?

Ja, dieses Schicksal ereilt nun viele Inseln, vor allem die sehr flachen, die weder Hügel noch Berge haben. Das trifft auch für Küstengebiete zu oder für flache Landstriche in Meeresnähe, so wie beispielsweise Florida, dessen höchste Stelle gerade mal rund 100 Meter über Meer liegt.

Wegen des Klimawandels steigt der Meeresspiegel pro Jahr um 3 bis 4 Millimeter! Bis zum Ende dieses Jahrhunderts könnte er wegen der zunehmenden Eisschmelze um bis zu einem halben Meter steigen.

Dafür gibt es zwei Hauptursachen. Die erste finden wir in der Antarktis und in Grönland. Dort sind auf dem Land gigantische Mengen Wasser in Form von Eis gebunden. Doch dieses Eis schmilzt ab. Wenn es als Schmelzwasser ins Meer fliesst, steigt der Wasserpegel. Der zweite Grund ist, dass Wasser sich ausdehnt, wenn es erwärmt wird. Das heisst, dieselbe Menge Wasser braucht plötzlich mehr Platz. Auch dieser Prozess führt zum Ansteigen der Meeresspiegel.

Das hat schon heute schlimme Folgen für Millionen von Menschen, die direkt an der Küste oder in deren Nähe leben wie auch die Kinder aus Kiribati. Steigende Meeresspiegel führen dazu, dass bei Flut oder bei Unwettern das Wasser häufiger die Küsten überschwemmt. Dabei können Häuser, Industrie- und Hotelanlagen, Friedhöfe, Strassen oder Fussballplätze überflutet werden.

Viele Inseln in Indonesien, Malediven, aber auch in der Nordsee werden regelrecht vom Meer aufgefressen. Das immer höher steigende Wasser und die Wellen bei Flut* waschen erst den Strand und dann das Land einfach weg. Die betroffenen Menschen müssen ihre Heimat verlassen. Sie werden zu Klimaflüchtlingen.

Die Eismassen in der Antarktis und in Grönland schmelzen also. Wie steht es um die Gletscher?

Das ist eine traurige Geschichte. Über den ganzen Alpenbogen verteilt gibt es noch rund 3500 Gletscher. Die allermeisten sind nur noch wenige Hektaren gross. Wenn es so weitergeht mit der Klimaerwärmung, schmilzt bis zum Jahr 2050 über die Hälfte ihnen komplett. Am Ende des 21. Jahrhunderts werden schliesslich die allermeisten verschwunden sein. Dann wird es selbst vom ehemals riesigen Aletschgletscher im Wallis nur noch vereinzelte Reste geben.

Für den Wasserhaushalt der Schweiz, aber auch für die Stromproduktion durch Wasserkraftwerke wird das einschneidende Folgen haben. Denn Gletscher speichern Wasser in Form von Eis. Solange es kalt ist, wachsen sie sogar. In der warmen Jahreshälfte schmelzen sie leicht und geben das Wasser langsam an Bäche und Flüsse ab. Dadurch gibt es auch im trockensten Sommer noch Wasser. Wenn die Gletscher jedoch wegfallen, werden Flüsse im Sommer schneller austrocknen. Das heisst, die verfügbare Menge Wasser nimmt ab, und die Tiere in den Flüssen sterben.

Mit den Gletschern verlieren wir auch einen Teil unserer Identität. Gletscher sind ein wichtiges Kulturgut für die Länder des Alpenbogens, aber auch für Island, Kanada und viele weitere Länder, in denen es noch Gletscher gibt. Sie sind Teil von Gemälden, Romanen, Fotografien, Gedichten oder gar Liedern wie etwa «Lueget vo Berg und Tal», ein Schweizer Volkslied aus dem 19. Jahrhundert.

Meeresströmungen

Inzwischen ist mir klar, warum der Meeresspiegel ansteigt. Gibt es noch weitere Auswirkungen auf die Meere?

Aber ja, sehr grosse sogar. Ein Meer ist ja nicht einfach eine grosse, gefüllte Badewanne, sondern riesig und ständig in Bewegung. Es gibt unzählige Strömungen, die das Wasser aus grossen Tiefen nach oben befördern und Oberflächenwasser in die Tiefe ziehen. Ausserdem treiben die Strömungen das Wasser und damit seine Wärme rund um die Erde. Wie mit gigantischen Förderbändern!

Die so verschobenen Energiemengen sind enorm. Sie sind viele Male grösser als der Energieverbrauch der gesamten Menschheit. Durch diese Strömungen gelangt also Wärme an Orte, wo es eigentlich eher kühl wäre. Ganz bekannt ist der Golfstrom, der sich im Nordatlantik von Amerika aus nach Osten bewegt und Wärme ins kühle Nordeuropa bringt. Dadurch ist es im Süden von England und Irland die meiste Zeit des Jahres eher mild. Durch den Klimawandel wird der Lauf des Golfstroms jedoch gestört. Er könnte in Folge an manchen Stellen langsamer werden und somit weniger Wärme transportieren, was zum Beispiel kühlere Winter in England zur Folge hätte. Durch die veränderten Meeresströmungen gelangt oft auch zu viel Wärme in bestimmte Meeresregionen. Das passiert immer wieder an der Ostküste Australiens, wo sich das Meer dann zu stark erwärmt, was die Korallenriffe und die Artenvielfalt gefährdet.

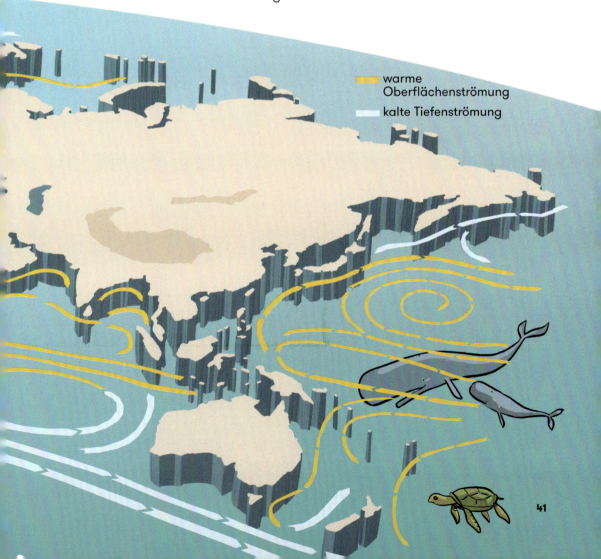

warme Oberflächenströmung
kalte Tiefenströmung

Versauerung der Meere

Ich habe gehört, dass die Meere sich chemisch verändern. Was bedeutet das?

Der Säuregehalt der Weltmeere und auch der Seen und Flüsse steigt langsam an. Auch das ist ein riesiges Problem. Ursache dafür ist das Kohlendioxid. Das meiste davon verteilt sich in der Atmosphäre.

Rund ein Drittel wird vom Meer aufgenommen, was ziemlich viel ist. Das allein wäre weiter nicht schlimm. Aber nun kommt es zu einer chemischen Reaktion zwischen dem Wasser und dem Kohlendioxid. Dabei entsteht Kohlensäure. Die kennt man vom Sprudelwasser oder aus anderen Getränken mit Sprudel drin.

Kohlensäure ist, wie der Name sagt, «sauer», und saure Flüssigkeiten lösen zum Beispiel Kalk auf. Im Meer leben viele Korallen, Schnecken, Muscheln oder Seeigel, deren Gehäuse hauptsächlich aus Kalk bestehen. Wird das Meer zu sauer, beginnt sich der Kalk der Gehäuse aufzulösen. Darum müssen die Tiere schliesslich sterben.

Wenn wir weiter so viel Kohlendioxid in die Atmosphäre blasen, könnten in den nächsten Jahrzehnten weite Gebiete unserer Meere zu toten Zonen werden, weil der Kalk als einer der wichtigsten Bausteine vieler Meerestiere wegfällt. Vor Urzeiten hat die Versauerung der Meere bereits zu Massensterben in den Meeren geführt (siehe Seite 11).

Schwund der Artenvielfalt

Viele Tierarten haben durch den Klimawandel Probleme. Warum genau?

Neben der Versauerung der Gewässer sind es vor allem die steigenden Temperaturen, die den Tieren und Pflanzen zu schaffen machen. Sie finden sich zunehmend in einer Umgebung wieder, die zu warm für sie ist. Das ist etwa so, wie wenn wir in einem heissen Treibhaus wohnen müssten. Wir fänden das gar nicht lustig, schon gar nicht auf Dauer.

Die Erwärmung geht schneller voran, als dass sich Tiere und Pflanzen durch Evolution* anpassen könnten. Es bleibt ihnen nichts anderes übrig, als abzuwandern, wenn sie können, oder auszusterben.

In den Alpenländern gibt es eine weitere Möglichkeit: Sie können in immer höhere Lagen flüchten. Denn dort sind die Temperaturen niedriger. Wissenschaftliche Berechnungen zeigen, dass viele Schmetterlinge, die heute noch im Mittelland leben, bis zum Jahr 2050 in die Berge wechseln werden. Auch die Schneehühner bewegen sich erwiesenermassen immer weiter hinauf.

Genau wie die Tiere klettern auch die Pflanzen nach oben. Doch sie sind viel langsamer, weil sie sich nur über Wurzelausläufer und Samen fortbewegen können. Viele Pflanzen werden der Erwärmung nicht rechtzeitig ausweichen können. Und die Berge sind nicht unendlich hoch. Irgendwann ist Schluss.

In vielen Naturräumen gibt es keine Berge und darum keine Fluchtmöglichkeit für Tiere und Pflanzen. Sie sind den Folgen der Erwärmung schutzlos ausgeliefert. Das zeigt sich etwa an den Korallenriffen. Zahlreiche tropische Korallenarten können nur leben, wenn das Wasser nicht über 30 Grad Celsius warm ist. Doch bereits heute wird diese Grenze in vielen Gebieten der Welt für mehrere Wochen oder gar Monate pro Jahr überschritten. Dadurch sterben zurzeit in vielen Teilen der Welt ganze Korallenriffe ab, beispielsweise in der Karibik oder am Great Barrier Reef im Nordosten Australiens.

Korallen bestehen aus einem Polypen und einer Alge, die zusammenleben. Wenn es jedoch zu warm wird, trennt sich die Alge vom Polypen und schwimmt wieder im Meer herum. Allein hat der Polyp auf Dauer jedoch keine Überlebens-Chancen und stirbt.

Ein weiteres grosses Problem ist die zunehmende Trockenheit. Viele Bäche, Tümpel und Flüsse trocknen in den Sommermonaten aus. Langfristig werden deshalb Wasserbereiche auch an Fläche verlieren. Das heisst: weniger Lebensraum für die Wassertiere.

Dadurch sind unzählige Fische, Frösche, Molche und Wasserinsekten bedroht.

Die langen Trockenperioden gefährden aber auch die Regenwälder. Ein intakter Regenwald ist wie ein Schwamm, der sehr viel Wasser speichern kann. Das heisst, er kann auch mal mit weniger Niederschlag auskommen. Doch der Mensch holzt viele Wälder ab, um Ackerland zu gewinnen, Holz zu ernten, Strassen und Städte zu bauen, Erdöl zu fördern oder Gold zu schürfen.

Das passiert beispielsweise ganz massiv im Amazonas-Regenwald. Dieser verliert jedes Jahr eine Fläche von 11 000 Quadratkilometern. Das entspricht einem Viertel der Fläche der Schweiz! Dadurch hat der Regenwald immer weniger Möglichkeiten, Wasser zu speichern. In der Folge trocknet er aus. Die Bäume sterben ab, und es bildet sich Savanne – ein trockenes Grasland mit wenigen Büschen und Bäumen. Dieser Prozess wird vom Klimawandel beschleunigt.

Eines der grössten Ökosysteme der Welt ist die Arktis, welche das Nordpolarmeer sowie die nördlichen Ausläufer von Nordamerika, Asien und Europa umfasst. Dieses Gebiet erwärmt sich zurzeit doppelt so stark wie der Rest der Welt. Eine der weitreichenden Folgen ist das Abschmelzen des Meereises. Dieses ist ein wichtiger Lebensraum für viele Tiere. Auf ihm jagen Eisbären, bringen Robben ihre Babys zur Welt, und Narwale tauchen unter dem Eis nach Beute. Sie alle müssen sich jetzt auf ein Meer ohne Eis einstellen – wenn sie es denn können.

An Land sind die Veränderungen in der Arktis ebenso tiefgreifend. Hier grasen grosse Herden von Karibus, Rentieren und Moschusochsen. Durch die zunehmende Wärme können sich Bakterienkrankheiten in den Herden gut vermehren und die Tiere töten. Im Sommer bilden sich inzwischen auch riesige Schwärme von Fliegen, Mücken und anderen Insekten, welche die Tiere derart belästigen und beim Fressen so massiv stören, dass sie nicht genug Fettreserven für den Winter aufbauen können. Das reduziert ihre Überlebenschancen drastisch.

Was sind die Folgen?

Wasser wird in vielen Teilen der Welt ein immer rareres Gut. Das liegt vor allem daran, dass wir gerade in trockenen Gebieten viel zu viel Wasser verbrauchen.

Zahlreiche Flüsse der Welt, darunter der Po in Italien, der Rhein in Europa oder der Colorado River in den USA, sind komplett übernutzt. Es wird ihnen viel zu viel Wasser entnommen. Der Colorado River erreicht heute nicht einmal mehr das Meer – er versiegt schon vor der Grenze zu Mexiko, also viele Kilometer vor der Küste.

Durch übermässige Wasserentnahme aus Flüssen können auch die von ihnen versorgten Seen austrocknen. Das ist beispielsweise mit dem riesigen Aralsee in Zentralasien passiert. Einst war seine Fläche eineinhalb Mal so gross wie die Schweiz. Heute ist er fast vollständig ausgetrocknet und zu einer Wüste geworden.

Der Wasserverbrauch wiederum hängt eng mit der Nahrungsmittelproduktion zusammen. Weltweit werden 80 Prozent des Frischwassers für die Landwirtschaft verwendet. Dies auch in sehr trockenen Gegenden wie Südspanien oder in Teilen Afrikas. Wenn Flüsse und Seen und die Grundwasserspeicher austrocknen, kann keine Landwirtschaft mehr betrieben werden. Das kann vor Ort, aber auch weltweit zu einem Nahrungsmittelmangel führen.

In ärmeren Weltgegenden müssen die Menschen für Trinkwasser oft lange Wege zu Quellen oder Brunnen in Kauf nehmen. Dort wo das Wasser bereits versiegt ist, kommen Tankwagen zum Einsatz, zum Beispiel in den Slums* in und um die indische Riesenstadt Delhi.

Hinzu kommt, dass in ärmeren Ländern das Abwasser aus Toiletten, Duschen oder Fabriken nicht durch Kläranlagen gereinigt wird. Meist gelangt es direkt in den nächsten Fluss und verschmutzt ihn so, dass man das Wasser nicht mehr trinken kann.

Im Extremfall müssen Menschen aus ihrer Heimat abwandern, um anderswo Wasser und Nahrung zu finden. Der Klimawandel verschärft den Wassermangel. Bis 2050 könnten dadurch 200 Millionen Menschen weltweit aus ihrer Heimat vertrieben werden.

Ein Recht auf Wasser und Wasserrechte

Ist denn der Zugang zu Wasser nicht ein Grundrecht aller Menschen?

Richtig. Der Zugang zu sauberem und trinkbarem Wasser wird heute als Menschenrecht betrachtet. Doch zusammen mit der Klimakrise stellt unser rücksichtsloser Umgang mit Wasser dieses Recht infrage und führt zu immer mehr Konflikten.

Bereits heute gibt es weltweit 2 Milliarden Menschen, die keinen Zugang zu sauberem Trinkwasser haben. Das Wasser, das sie trinken, ist mit Bakterien verseucht, die krank machen. Jährlich sterben 2 Millionen Menschen, weil sie dieses Wasser trinken müssen. Ein Viertel davon sind Kinder unter sieben Jahren.

Dieser Mangel an sauberem Trinkwasser hat auch Auswirkungen auf das psychische Wohlbefinden. Die Menschen machen sich grosse Sorgen um ihre Kinder, um ihre Angehörigen und um sich selbst. Man muss sich das einmal vorstellen, wie es ist, wenn man Angst haben muss, Wasser zu trinken!

Wir machen das Problem aber nicht nur mit dem Aufheizen des Klimas noch schlimmer, sondern auch durch unsere Wirtschaft. Die Industrie braucht für die Herstellung vieler Produkte wie Kleidung, Nahrungsmittel und Getränke, Zahnpasta, Seife, Reinigungsprodukte oder Batterien sehr viel Wasser. Grosse Wasserverbraucher sind auch die riesigen Rechenzentren*, die für die Kühlung der Computer Wasser benötigen.

Deshalb kaufen Firmen Wasserrechte – also das Recht, Wasser aus den Flüssen oder dem Grundwasser zu entnehmen. Den Schaden hat meist die Lokalbevölkerung, die nun zu wenig Wasser hat. Aus Verzweiflung darüber gibt es oft Proteste gegen diese Firmen.

Wirtschaftliche Folgen

Der Klimawandel macht das Wasser also teurer. Hat er noch weitere Folgen für uns?

Ja, das hat er – sehr umfangreiche sogar. Generell gibt es durch die vermehrten Wetterextreme grössere und teurere Schäden. So können beispielsweise die weltweiten Warenströme blockiert werden. Wenn Hurrikane (siehe Seite 28) an den Küsten Hafeneinrichtungen zerstören, ist es den Frachtschiffen nicht mehr möglich, anzulegen und abzulegen, und die Container lassen sich nicht mehr beladen und entladen. Ebenso fluten Hurrikane U-Bahnen grosser Küstenstädte, was den täglichen Pendlerverkehr zum Erliegen bringt.

Aber auch die ungewöhnlich grosse Kälte, die aufgrund der Veränderung der Meeresströmungen (siehe Seite 40) vermehrt auftritt, ist eine Gefahr. Extreme Winter, wie es sie in letzter Zeit immer wieder in Nordamerika gibt, legen manchmal den Flugverkehr über Tage lahm.

Weniger Niederschläge im Sommer wirken sich auf die Pegelstände grosser Flüsse wie etwa den Rhein aus. Er ist eine wichtige Verkehrsader für Transportschiffe. Wenn der Rhein zu wenig Wasser führt, wird der Schiffsverkehr eingestellt. Durch die daraus entstehenden Lieferschwierigkeiten können Produkte wie Holz, Baustoffe oder Mikrochips viel teurer werden. Für alle – die Produzenten, den Handel und für jede und jeden von uns – entstehen hohe Kosten.

Die Klimakrise wird uns bis 2100 möglicherweise ein Fünftel des weltweit verdienten Geldes pro Jahr kosten. Das bedeutet, dass wir von 10 verdienten Franken 2 Franken in die Schäden des Klimawandels stecken müssen. Das ist enorm viel Geld.

Es wäre für uns also auch viel günstiger, JETZT etwas gegen den Klimawandel zu unternehmen.

Tödliche Mischung

Das hört sich alles sehr schwierig an. Und die Welt hat ja noch andere Probleme. Um die sollten wir uns doch auch kümmern, oder?

Wir sollten uns tatsächlich auch mit ihnen befassen. Eines der grössten Probleme ist die Bedrohung der Vielfalt der Lebewesen. Viele Tier- und Pflanzenarten sind heute stark gefährdet oder bereits ausgestorben. Das Artensterben ist eine direkte Bedrohung für uns Menschen, denn Pflanzen und Tiere sind unsere Lebensgrundlage.

Wir verändern die Lebensräume weltweit massiv: durch intensive Landwirtschaft, durch den Bau von Strassen, Dörfern und Städten und durch den Abbau von Rohstoffen wie Metallen und seltenen Erden, die wir für die Herstellung von Benzin- und Elektroautos, Fahrrädern, Häusern, Mobiltelefonen, Batterien, Computern, Stromnetzen und anderem benötigen. Die Hauptursache für diese folgenreichen Umweltveränderungen ist der Bevölkerungsdruck. Das heisst, es leben zu viele Menschen auf der Erde. Langfristig müssen wir das Wachstum der Weltbevölkerung senken. Dann gibt es auch für die Natur wieder mehr Platz.

Die Überbevölkerung ist auch der Grund, warum gigantische Mengen an Abfall verursacht werden und die Umwelt übermässig verschmutzt wird. Unsere Autos und Fabriken zum Beispiel produzieren Abgase. Darin enthalten ist unter anderem Feinstaub. Dieser besteht aus winzigen Russ- und Chemikalien-Partikeln. Sie belasten die Umwelt stark. Die Partikel sind zudem so klitzeklein, dass sie beim Einatmen über die Lunge bis in unser Blut gelangen.

Die weltweit produzierten Abfallberge aus Plastik, Glas, Papier, Metallen und biologischen Abfällen sind unfassbar gross. Wenn wir damit einen Güterzug beladen würden, würde dieser allein mit der Menge eines Tages von der Südspitze Italiens bis nach Basel reichen. Mit dem Abfall eines ganzen Jahres könnte man einen Güterzug füllen, der zehn Mal um die Erde reicht. Kurzum: Wir verbrauchen zu viel und lassen zu viel Dreck zurück. Das muss sich ändern, wenn wir auf diesem Planeten langfristig überleben wollen.

Der Klimawandel verstärkt all diese Probleme. Man könnte auch sagen, dass der Klimawandel zusammen mit den anderen Problemen eine tödliche Mischung für uns Menschen und alles andere Leben auf der Erde ergibt.

Politik und Klimawandel

Was wurde bisher gegen den Klimawandel unternommen?

Die Wissenschaft vermutete bereits im 19. Jahrhundert, dass es zwischen Kohlendioxid und der Temperatur einen Zusammenhang gibt. Ab den 1950er Jahren begann man mit regelmässigen Messungen des Kohlendioxids in der Atmosphäre, um den Zusammenhang nachzuweisen. Mit den Jahren zeichnete sich ein klares Bild ab: Je mehr Kohlendioxid es in der Atmosphäre gibt, desto wärmer wird es auf der Erde. Obwohl das also wissenschaftlich bestätigt war, unternahm die Politik erst einmal nichts.

Erst Jahrzehnte später wurde endlich reagiert. 1979 kamen die Politikerinnen und Politiker vieler Länder der Erde zusammen, um über den Klimawandel, seine Folgen und deren Bekämpfung zu beraten. Seit 1995 findet jährlich die UN-Klimakonferenz* statt.

Das Resultat ist ein weltweit gültiges Klimaabkommen, welches die meisten Länder unterzeichnet haben. Es besagt, dass die durchschnittliche Erwärmung der Erde in diesem Jahrhundert (also bis zum Jahr 2100) nicht mehr als 2 Grad Celsius betragen sollte. Um das zu erreichen müssen alle Länder ihren Ausstoss an Kohlendioxid massiv senken.

Dass es ein solches Abkommen gibt, ist eine gute Sache. Ob dieses Ziel jedoch erreicht wird, ist aus heutiger Sicht unklar. Viele Länder versuchen zwar ihren Ausstoss an Kohlendioxid zu verringern, aber es ist fraglich, ob es schnell genug geht. Für andere Länder ist die Wirtschaft (das Wirtschaftswachstum*) wichtiger als der Klimaschutz.

Energiewende und was sie bedeutet

Was muss getan werden?

Die grosse Aufgabe der Menschheit ist es, die sogenannte Energiewende zu schaffen. Das bedeutet, wir müssen weg von Erdöl, Steinkohle und Erdgas. Als Ersatz müssen Energieformen her, die das Klima nicht weiter aufheizen.

Heute stehen uns dazu die Solarenergie (Strom aus Sonnen-strahlen) und die Windenergie (Strom aus Wind) zur Verfügung. Diese beiden Lösungen bergen aber auch etliche Probleme.

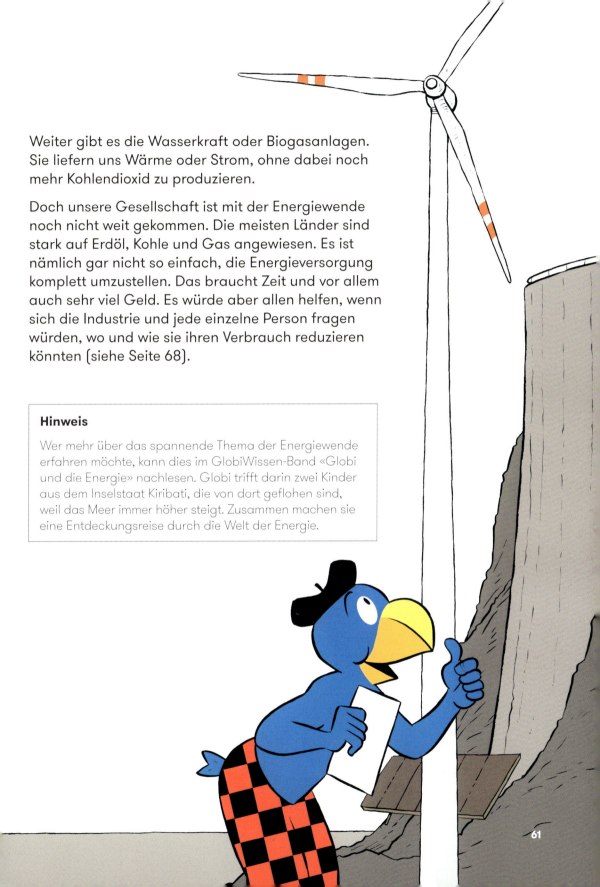

Weiter gibt es die Wasserkraft oder Biogasanlagen. Sie liefern uns Wärme oder Strom, ohne dabei noch mehr Kohlendioxid zu produzieren.

Doch unsere Gesellschaft ist mit der Energiewende noch nicht weit gekommen. Die meisten Länder sind stark auf Erdöl, Kohle und Gas angewiesen. Es ist nämlich gar nicht so einfach, die Energieversorgung komplett umzustellen. Das braucht Zeit und vor allem auch sehr viel Geld. Es würde aber allen helfen, wenn sich die Industrie und jede einzelne Person fragen würden, wo und wie sie ihren Verbrauch reduzieren könnten (siehe Seite 68).

Hinweis

Wer mehr über das spannende Thema der Energiewende erfahren möchte, kann dies im GlobiWissen-Band «Globi und die Energie» nachlesen. Globi trifft darin zwei Kinder aus dem Inselstaat Kiribati, die von dort geflohen sind, weil das Meer immer höher steigt. Zusammen machen sie eine Entdeckungsreise durch die Welt der Energie.

Technische Lösungen

Gibt es denn keine Maschinen, die das Kohlendioxid aus der Luft entfernen können?

Die gibt es, sie sind aber noch nicht ausgereift. Eine davon ist das sogenannte «Direct Air Capture». Dabei entnimmt man Kohlendioxid mit einer Art Staubsauger aus der Luft und wandelt es chemisch in Kalziumcarbonat um. Im Grunde ist das Kalk. Dieser kann in Stollen unter der Erde eingelagert werden. Dadurch ist der Kohlenstoff für immer aus der Atmosphäre verbannt.

Kalziumcarbonat lässt sich auch für die Betonherstellung verwenden. In diesem Fall ist der Kohlenstoff in Häusern, Strassen oder Brücken gebunden, die wir mit Beton bauen. Auch hierbei wird der Kohlenstoff nie mehr in die Atmosphäre freigesetzt, denn Beton bleibt Beton – auch wenn Hunderte von Jahren vergehen. Er verrottet nicht.

Der Haken an der Sache ist, dass man sehr viele dieser «Staubsauger» benötigen würde, die wiederum viel Energie verbrauchen würden. Derzeit gibt es weltweit erst wenige Testanlagen.

Eine ähnliche Methode besteht darin, das aus der Luft gesaugte Kohlendioxid chemisch in Treibstoff umzuwandeln. Auch dafür gibt es heute bereits Anlagen. Beim Verbrennen des so produzierten Treibstoffs geht zwar das Kohlendioxid wieder zurück in die Atmosphäre, aber wenigstens wird nicht noch mehr Erdöl verbrannt. Doch mit dieser Methode lässt sich erst sehr wenig Treibstoff produzieren.

Bei alledem ist zu beachten: Wir stossen seit 150 Jahren grosse Mengen an Kohlendioxid aus. Die kriegen wir nicht einfach mit einem Fingerschnippen weg.

Lösungen aus der Wirtschaft

Die Wirtschaft leidet ja auch unter den Folgen der Veränderungen. Denkt man über Lösungen nach?

Viele Firmen dachten lange Zeit nicht über ihren Energieverbrauch nach. Ebenso wenig kümmerten sie sich um ihren Verbrauch von Wasser, Metallen oder anderen Rohstoffen, die sie benötigen, um ihre Produkte herzustellen. Inzwischen ändert sich das. Nicht zuletzt, weil viele Rohstoffe immer teurer werden. Aber auch die Preise für Strom, Gas und Öl sind massiv gestiegen. Die Verschwendung ist inzwischen also sehr teuer. Oftmals ist es zudem so, dass Firmen für ihren Ausstoss von Kohlendioxid zahlen müssen.

Beim Einsparen ist Einfallsreichtum gefragt. So lässt sich beispielsweise Treibstoff sparen, wenn ein Getränkehersteller seine Glasflaschen in der Schweiz kauft, anstatt sie aus Frankreich anliefern zu lassen. Das bedeutet weniger Kosten und weniger Kohlendioxid-Ausstoss.

Zudem kann der Verbrauch von Glas reduziert werden, wenn etwas dünnere (und damit leichtere) Flaschen verwendet werden. Zum einen werden dabei Rohstoffe für die Glasproduktion gespart, und zum anderen werden die Flaschen weniger schwer. Dadurch wird beim Transport ebenfalls Treibstoff gespart.

Auch Energie lässt sich einsparen. Wenn eine Fabrikhalle gut isoliert ist, muss sie weniger geheizt werden, das spart Heizöl oder Strom. Auch hilft es, wenn sich mehrere Arbeitsschritte in einer Halle erledigen lassen, statt wie sehr oft in zwei und mehr Hallen. Man spart Raum, Transporte und wiederum Heizkosten.

Es ist wichtig, dass das Einsparen von Energie und Rohstoffen weitergeht und möglichst viele Firmen, ganz besonders die grossen, mitmachen.

Moderner Städtebau

Wie ist das mit den Städten? Was können die machen?

In der Städteplanung geht es unter anderem darum, wie sich die Hitze vermindern lässt. Es hilft zum Beispiel, wenn man Häuser in hellen Farben streicht oder Dächer mit hellen Ziegeln bedeckt. Helle Farben reflektieren Licht, anstatt es aufzunehmen und in Wärme umzuwandeln, wie das dunkle Farben machen.

Der Ausbau von Grünflächen oder das Pflanzen insbesondere von Bäumen ist ebenfalls sehr wichtig. Bäume können ihre Umgebung um mehrere Grad Celsius kühlen. Einerseits spenden sie Schatten, und andererseits verdunsten die Blätter Wasser, was die Umgebungsluft abkühlt.

Der Kühlungseffekt eines Baumes ist recht gross: Auf einen Rasen gepflanzt beträgt er 4 Grad Celsius. Diese Wirkung entfaltet der Baum je nach Grösse seiner Krone in einem Umkreis zwischen 7 und 20 Metern. Über einer Asphaltfläche kühlt er immerhin noch um rund 2 Grad Celsius. Mit einer Fassadenbegrünung kann die Hauswand um rund 5 Grad Celsius abgekühlt werden.

Wir werden also unsere Städte in Zukunft mit viel mehr Pflanzen ausstatten müssen und weniger Fläche mit Beton und Teer zubauen. Jede geschlossene Fläche wirkt an einem heissen Sommertag wie ein Kachelofen: Sie nimmt Wärme auf und speichert sie. In der Folge werden dann auch die Nächte unerträglich warm.

Also los, packen wir's an! Was können wir alle tun?

Wir alle können dazu beitragen, den Verbrauch zu reduzieren. Jedes Kind, jede Familie, jeder einzelne Mensch kann etwas tun.

Engagement für das Klima ist wichtig. Auch viele Wissenschaftlerinnen und Forscher setzen sich ein und fordern Politik und Gesellschaft zum Handeln auf. Alle müssen handeln!

Computer, Fernseher, Spielkonsole ganz ausschalten (auch Standby), wenn sie nicht gebraucht werden.

Das spart Strom.

Mehr Spielzeug mit Freunden und Freundinnen tauschen, im Brockenhaus oder auf Flohmärkten nach anderem suchen, möglichst wenig neues kaufen.

Das reduziert den Rohstoffverbrauch, den Transport und den Plastikabfall.

Geräte möglichst lange brauchen. Es müssen nicht die neusten Modelle sein.

Das spart Energie und Rohstoffe bei der Herstellung, reduziert den Abbau von seltenen Metallen aus sensibler Natur und vermindert den Elektroschrott.

Licht ausschalten in Zimmern, in denen sich niemand aufhält. Möglichst LED-Glühbirnen verwenden.

Das spart Strom.

Möglichst wenig Lebensmittel wegwerfen.

Das spart Wasser, das bei der Produktion von Lebensmitteln verbraucht wird, aber auch Treibstoff für den Transport. Wir werfen derzeit EIN DRITTEL aller Lebensmittel weg.

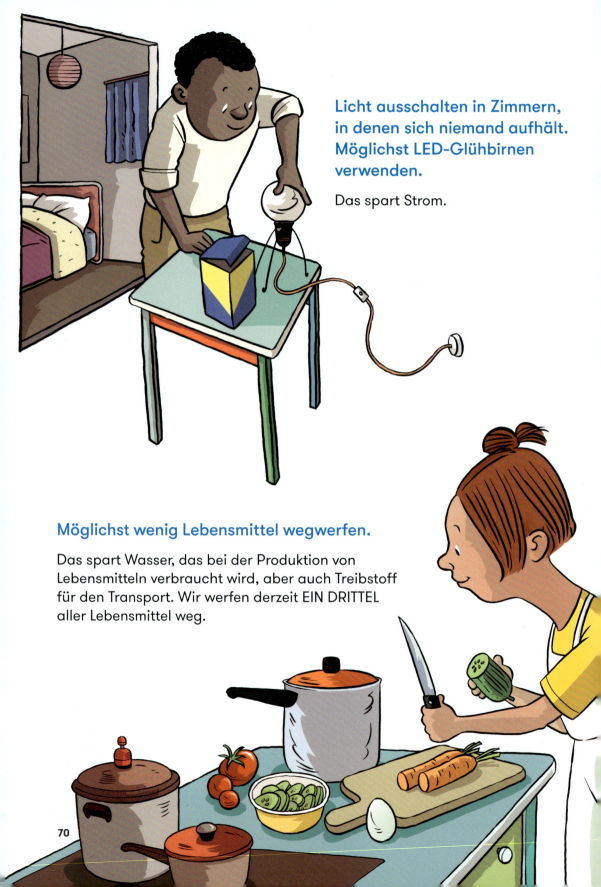

Nur Kleider kaufen, die einem wirklich gut gefallen, und diese lange tragen.

Das reduziert den Verbrauch von Wasser und Rohstoffen, spart Energie für die Produktion der Stoffe und Kleider. Zudem spart es Treibstoff für den Transport.

Wenn möglich zu Fuss oder mit dem Fahrrad zur Schule, zu deinen Freundinnen und Freunden, zum Sport oder wohin auch immer gehen.

Das spart Treibstoff und entlastet den Verkehr. Zudem lernst du deine Umgebung kennen.

Sich in der Schule und im Quartier für die Umwelt und das Klima engagieren.

So motivierst du auch andere, etwas zu tun.

Wenn möglich draussen und in der Natur spielen.

Das reduziert den Rohstoffverbrauch bei der Herstellung von Spielwaren und fördert deine Beziehung zur Natur. Und damit dein Verständnis dafür, dass es wichtig ist, sie zu schützen.

Wenn möglich den öffentlichen Verkehr nutzen und Autofahrten vermeiden (am besten gar kein Auto kaufen).

Das entlastet den Verkehr, reduziert Luftverschmutzung und und spart Ressourcen, die für die Produktion von Autos notwendig sind.

Beim Einkaufen das Verpackungsmaterial wo immer möglich vermeiden und eigene Einkaufstaschen mitnehmen.

Das reduziert den Plastik-, Papier- und Kartonverbrauch und Energie und Wasser bei der Produktion.

Auf Fenstersimsen, Balkonen, im Garten einheimische Kräuter, Blumen, Sträucher oder Bäume pflanzen.

Das hilft Hitze zu reduzieren und freut Vögel und Insekten.

Nur kurz duschen und beim Einseifen das Wasser abstellen.

Das spart Wasser und Energie.

Beim Kochen Töpfe und Pfannen zudecken.

Das spart Energie.

Im Winter immer nur kurz lüften, anstatt die Fenster lange offen oder gekippt zu lassen. Auf höchstens 21 Grad Celsius heizen und warme Kleider tragen.

Das spart Heizöl, Gas und Strom.

Nur gut gefüllte Waschmaschinen und Geschirrspülmaschinen laufen lassen.

Das spart Energie und Wasser.

Wenig Fleisch essen.

Spart Energie für die Transporte, spart Wasser, reduziert die Futterproduktion und das Leid der Tiere.

Glossar

Arten
Jedes Tier und jede Pflanze gehört zu einer «Art». Alle Tiere oder Pflanzen einer Art können sich untereinander paaren respektive befruchten und sich so vermehren. Tiere und Pflanzen unterschiedlicher Arten können nur in wenigen Fällen Nachkommen zeugen. Durch Katastrophen wie Vulkanausbrüche, Waldrodungen oder eben durch den Klimawandel können Arten aussterben. Durch ->Evolution können aber auch neue Arten entstehen.

Eurasien
Das ist die Landmasse, welche die Kontinente Europa und Asien umfasst. Aus Sicht der Natur ist es sinnvoller, von Eurasien zu sprechen, weil zwischen Europa und Asien kein Meer liegt.

Evolution
So wird der langsame Prozess bezeichnet, durch den sich Tier- und Pflanzenarten an ihre Umgebung anpassen. Dabei können sie sich in ihrem Aussehen und Verhalten verändern und sich sogar zu neuen Arten entwickeln. Aus einer Art können auch mehrere neue Arten entstehen. So gibt es den Schneeleoparden, der sich auf ein Leben im Gebirge und in Eis und Schnee angepasst hat. Und es gibt eine verwandte Art, den Tiger, der in den flacheren und wärmeren Gebieten lebt.

Flut
Flut bedeutet die Hebung des Meeresspiegels durch die Anziehung von Mond und Sonne. Dieses Phänomen lässt sich vor allem an Küsten beobachten. Das Meer steigt durch die Flut zwei Mal pro Tag an. Nach der Flut folgt ihr Gegenstück, die Ebbe, bei der sich das Meer wieder senkt.

Mangrovenwälder
Mangroven sind Büsche oder Bäume in tropischen Gegenden, die sich an das Leben im Salzwasser angepasst haben. Wie ein grüner Gürtel wachsen sie entlang vieler Küsten. Mangrovenwälder können die zerstörerische Kraft von Sturmwellen abfangen und schützen so das dahinterliegende Land vor Überschwemmungen.

Permafrostboden
Diese besondere Art von Boden findet man in vielen Gebirgen (auch in den Alpen) oder nahe des Nord- oder Südpols, wo es sehr kalt ist. Die Böden dort sind während des ganzen Jahres beinhart gefroren. Im Sommer taut jeweils nur die oberste Handbreit auf. Doch durch den Klimawandel tauen nun auch die tieferen Bodenschichten auf.

Rechenzentrum
Das ist ein Raum oder gar ein ganzes Gebäude, in dem es Hunderte oder Tausende von Computern gibt, die alle miteinander verbunden sind wie ein riesiges elektronisches Gehirn. Über solche Rechenzentren werden beispielsweise unsere E-Mails verschickt. Oder wir legen unsere Bilder dort ab, wenn wir etwas in der «Cloud» speichern. Praktisch alles, was wir am Computer machen, läuft irgendwann über ein Rechenzentrum.

Sauer
«Sauer» ist eine bestimmte Eigenschaft von Flüssigkeiten. Essig, Zitronensaft oder der Saft von unreifen Äpfeln sind sauer. Saure Flüssigkeiten können Kalk – zum Beispiel die weissen Ablagerungen im Wasserkocher – oder kalkhaltiges Gestein auflösen.

Slum
Ein dicht besiedeltes Stadtviertel, in dem zumeist die ärmsten Menschen leben. Ihre Hütten sind aus einfachen Materialien wie etwa Wellblech gebaut. Es gibt oft kein fliessendes Wasser und auch keine Kanalisation. Slums gibt es vor allem in Süd- und Mittelamerika, Afrika oder in Süd- und Südostasien.

UN-Klimakonferenz
Diese internationale Konferenz findet einmal jährlich immer an einem anderen Ort auf der Welt statt. Die meisten Staaten nehmen daran teil. Ziel ist es, ein gemeinsames Vorgehen gegen den Klimawandel zu diskutieren und Massnahmen zu beschliessen.

Wirtschaftswachstum
Versuche dir die gesamte Menge Geld, die in einem Jahr in der Schweiz verdient wird, vorzustellen. Das ist ganz schön viel, nicht wahr? Wenn dieser Haufen im nächsten Jahr grösser geworden ist, spricht man von «Wirtschaftswachstum». Dieses Immer-noch-reicher-und-grösser-Werden geht oft auf Kosten der Umwelt.

Danksagung

Reto Knutti, Klimaforscher bei der ETH Zürich,
für fachliche Inputs zum Text.

Laura Endres, Thomas Tanner und Oliver Kost,
Doktorierende in der Klimageologie ETH Zürich,
für die fachlichen Inputs zu Texten und Illustrationen.

Bernhard Schmid, Ökologe an der Universität Zürich,
für fachliche Rückmeldungen.

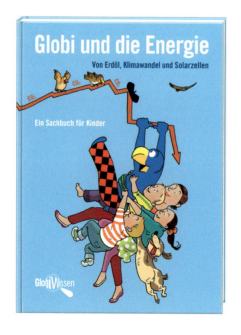

Wenn du noch mehr wissen möchtest, lies auch dieses Buch.

Sachbücher für Kinder mit Globi

GlobiWissen

Globis beliebte Kochbuchreihe

 Globi Plüsch

Das und noch viel mehr gibt es auf **www.globi.ch**

Kopf Plüsch

Globi Badetuch Ozeane

Quartett Hörspiel Puzzle Zoo

Globi Klassikbände gibt es auch als Hörspiele auf MC und CD

     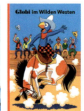 

Kennst du schon *alle* mein Abenteuer?